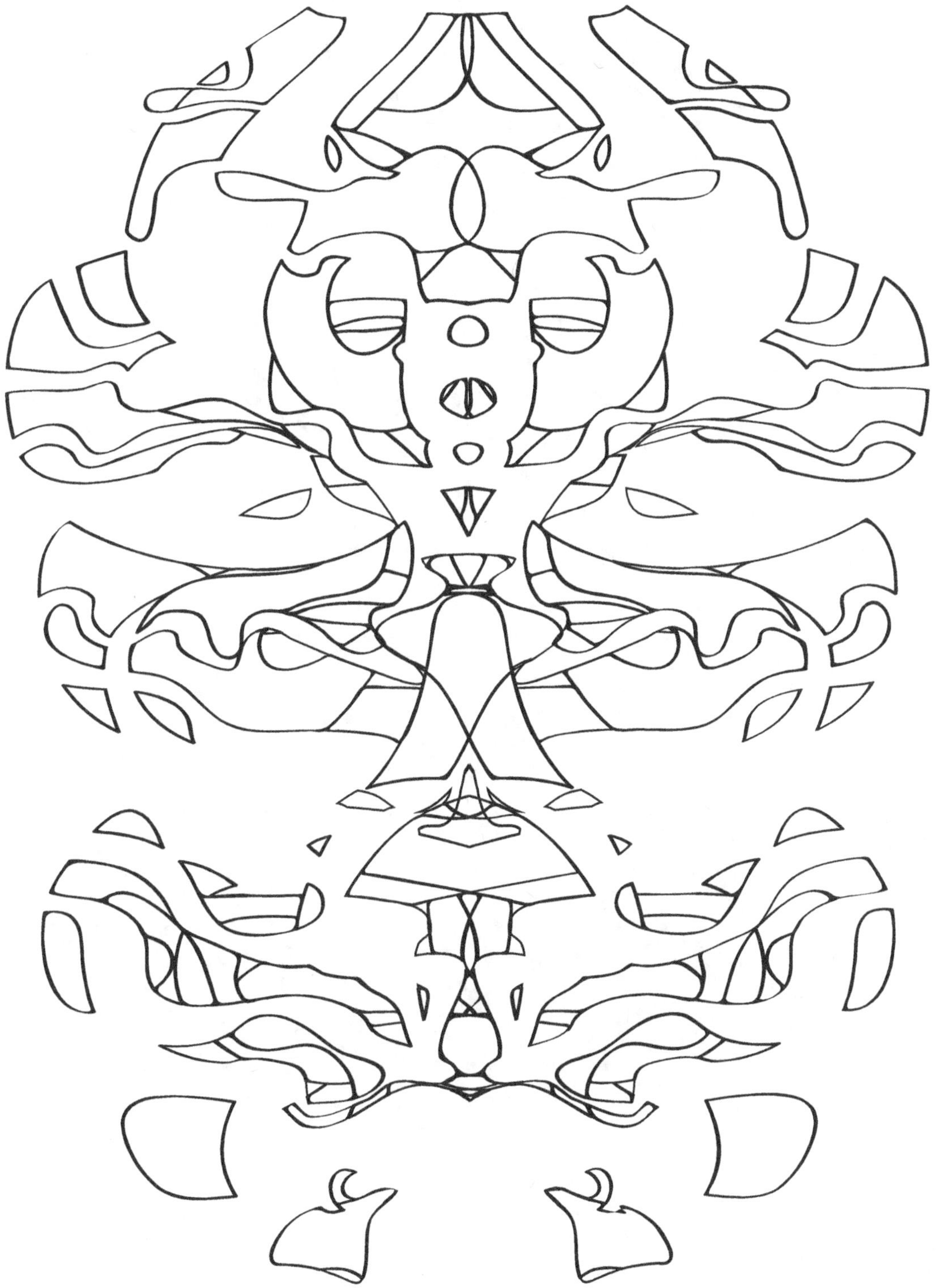

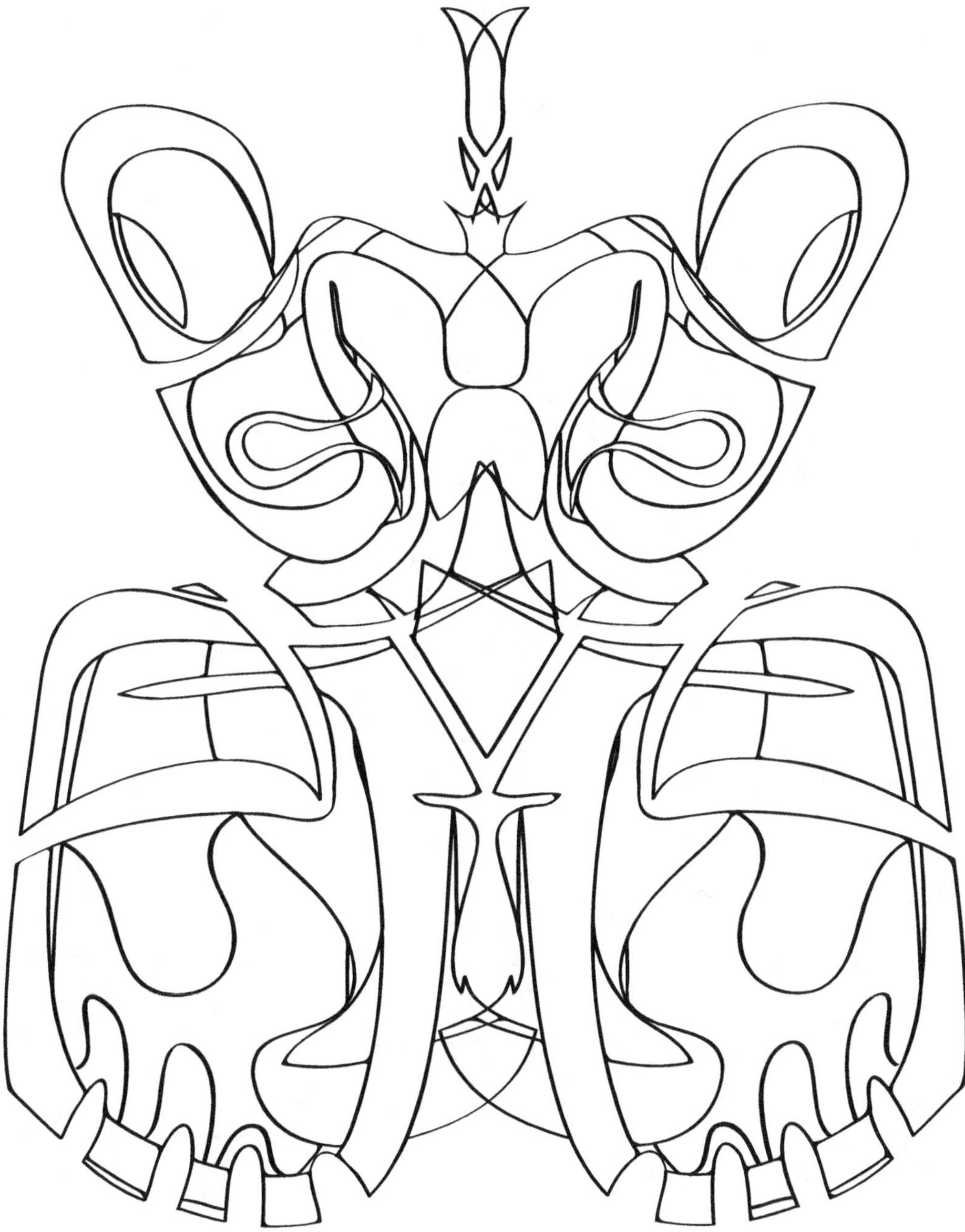

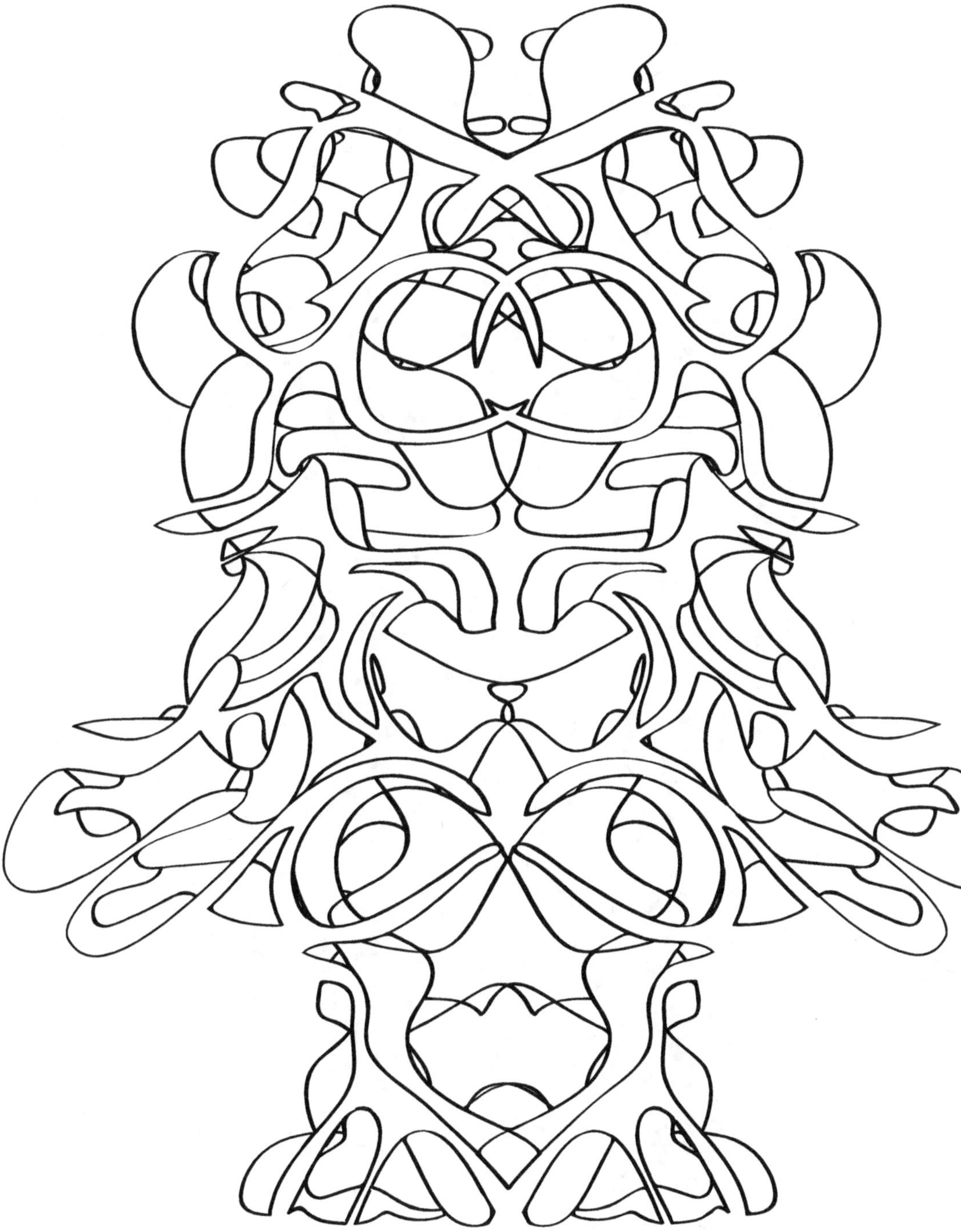

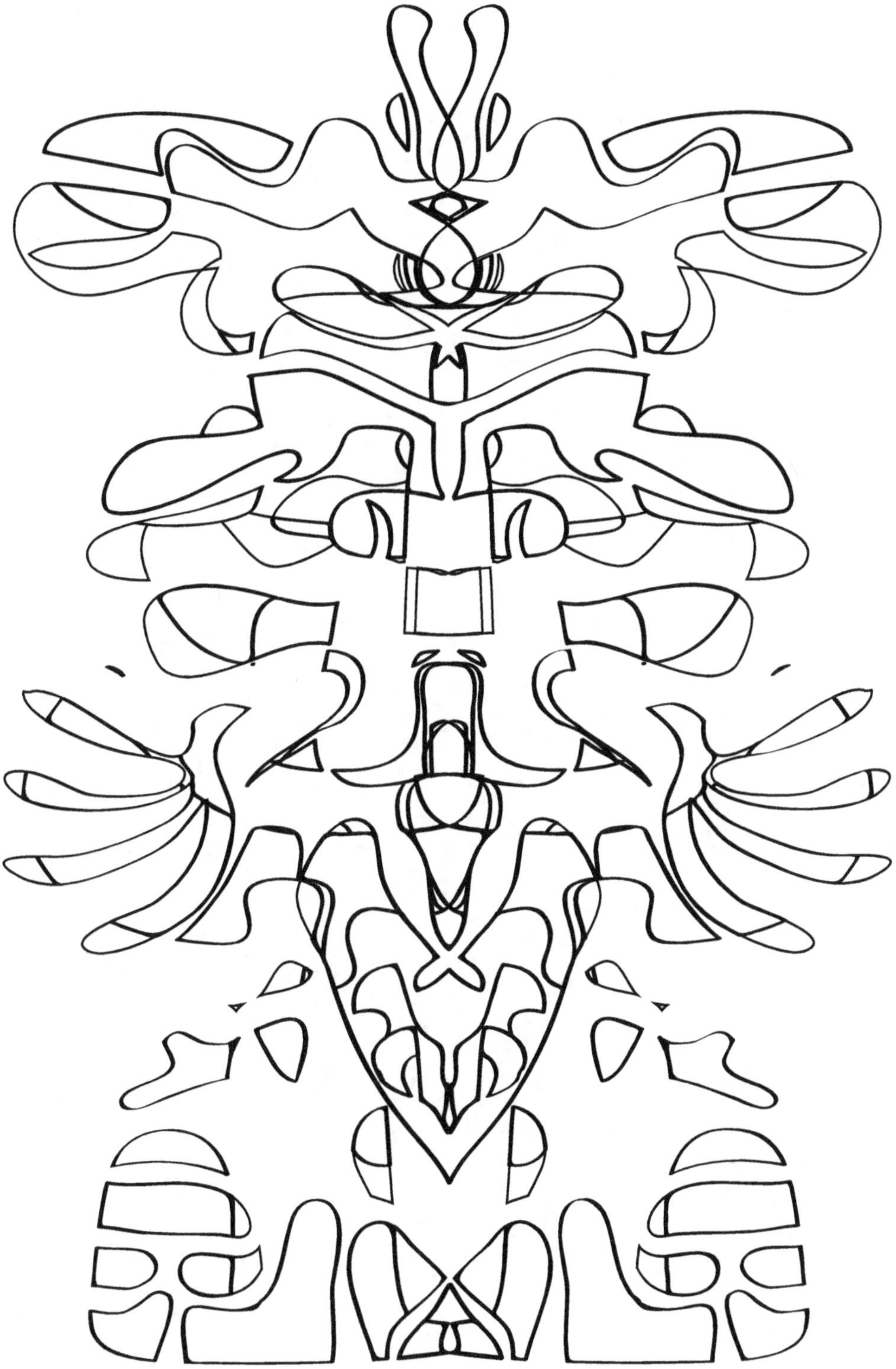

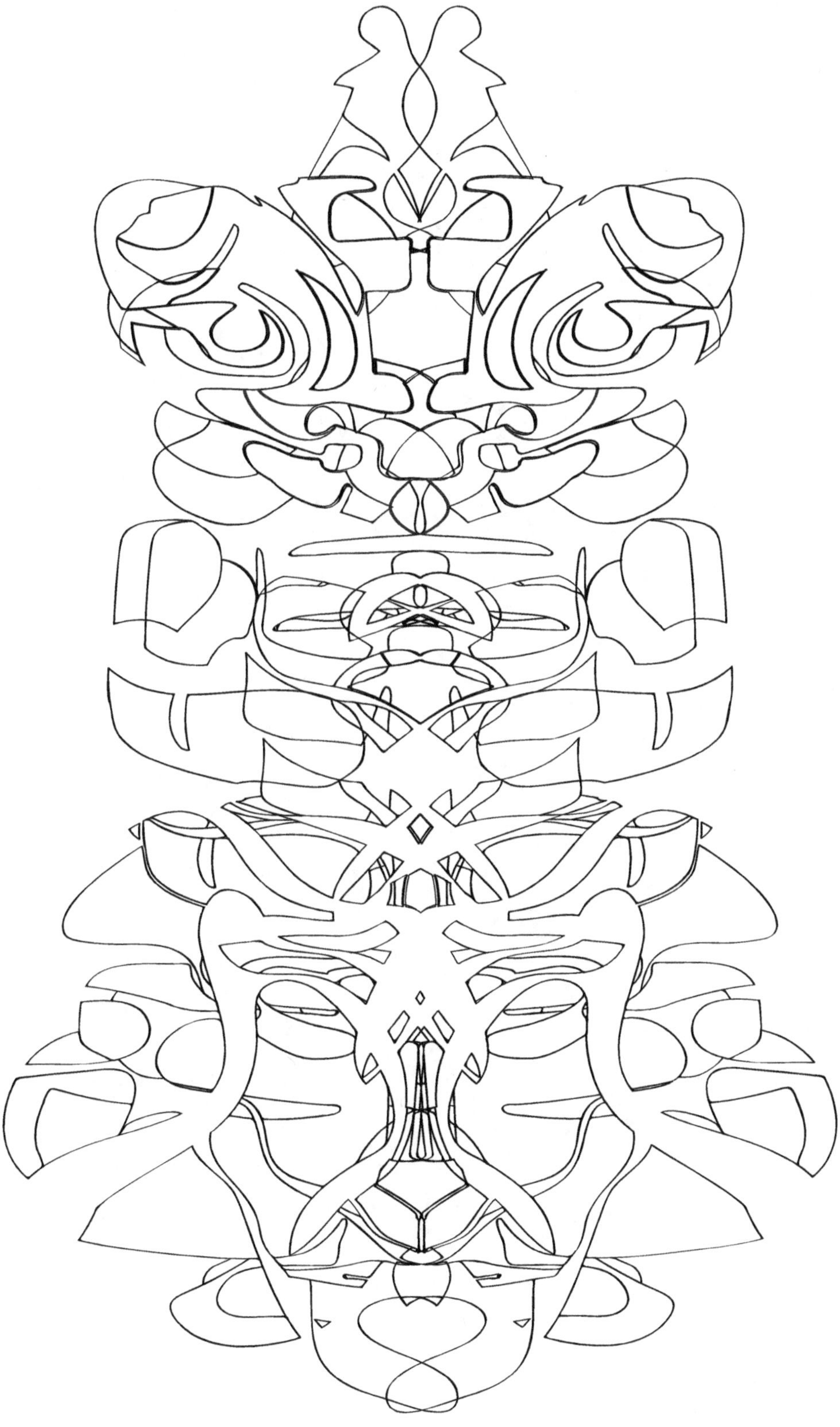

www.ingramcontent.com/pod-product-compliance
Lightning Source LLC
Chambersburg PA
CBHW081240280526
45787CB00006B/2731
* 9 7 8 1 5 4 8 0 7 2 4 8 3 *